行政事业性国有资产管理条例

中国法制出版社

行政事业性国有资产管理条例
XINGZHENG SHIYEXING GUOYOU ZICHAN GUANLI TIAOLI

经销/新华书店
印刷/北京海纳百川印刷有限公司
开本/850 毫米×1168 毫米 32 开　　印张/1　字数/12 千
版次/2021 年 3 月第 1 版　　2021 年 3 月第 1 次印刷

中国法制出版社出版
书号 ISBN 978-7-5216-1617-0　　定价：4.00 元

北京西单横二条 2 号
邮政编码 100031　　传真：010-66031119
网址：http：//www.zgfzs.com　　**编辑部电话：010-66066621**
市场营销部电话：010-66033393　　**邮购部电话：010-66033288**

目　　录

中华人民共和国国务院令

第 738 号

《行政事业性国有资产管理条例》已经 2020 年 12 月 30 日国务院第 120 次常务会议通过，现予公布，自 2021 年 4 月 1 日起施行。

总理　李克强

2021 年 2 月 1 日

行政事业性国有资产管理条例

第一章　总　　则

第一条　为了加强行政事业性国有资产管理与监督，健全国有资产管理体制，推进国家治理体系和治理能力现代化，根据全国人民代表大会常务委员会关于加强国有资产管理情况监督的决定，制定本条例。

第二条　行政事业性国有资产，是指行政单位、事业单位通过以下方式取得或者形成的资产：

（一）使用财政资金形成的资产；

（二）接受调拨或者划转、置换形成的资产；

（三）接受捐赠并确认为国有的资产；

（四）其他国有资产。

第三条　行政事业性国有资产属于国家所有，实行政府分级监管、各部门及其所属单位直接支配的管理体制。

第四条 各级人民政府应当建立健全行政事业性国有资产管理机制，加强对本级行政事业性国有资产的管理，审查、批准重大行政事业性国有资产管理事项。

第五条 国务院财政部门负责制定行政事业单位国有资产管理规章制度并负责组织实施和监督检查，牵头编制行政事业性国有资产管理情况报告。

国务院机关事务管理部门和有关机关事务管理部门会同有关部门依法依规履行相关中央行政事业单位国有资产管理职责，制定中央行政事业单位国有资产管理具体制度和办法并组织实施，接受国务院财政部门的指导和监督检查。

相关部门根据职责规定，按照集中统一、分类分级原则，加强中央行政事业单位国有资产管理，优化管理手段，提高管理效率。

第六条 各部门根据职责负责本部门及其所属单位国有资产管理工作，应当明确管理责任，指导、监督所属单位国有资产管理工作。

各部门所属单位负责本单位行政事业性国有资产的具体管理，应当建立和完善内部控制管理制度。

第七条 各部门及其所属单位管理行政事业性国

有资产应当遵循安全规范、节约高效、公开透明、权责一致的原则，实现实物管理与价值管理相统一，资产管理与预算管理、财务管理相结合。

第二章　资产配置、使用和处置

第八条　各部门及其所属单位应当根据依法履行职能和事业发展的需要，结合资产存量、资产配置标准、绩效目标和财政承受能力配置资产。

第九条　各部门及其所属单位应当合理选择资产配置方式，资产配置重大事项应当经可行性研究和集体决策，资产价值较高的按照国家有关规定进行资产评估，并履行审批程序。

资产配置包括调剂、购置、建设、租用、接受捐赠等方式。

第十条　县级以上人民政府应当组织建立、完善资产配置标准体系，明确配置的数量、价值、等级、最低使用年限等标准。

资产配置标准应当按照勤俭节约、讲求绩效和绿色环保的要求，根据国家有关政策、经济社会发展水平、市场价格变化、科学技术进步等因素适时调整。

第十一条 各部门及其所属单位应当优先通过调剂方式配置资产。不能调剂的，可以采用购置、建设、租用等方式。

第十二条 行政单位国有资产应当用于本单位履行职能的需要。

除法律另有规定外，行政单位不得以任何形式将国有资产用于对外投资或者设立营利性组织。

第十三条 事业单位国有资产应当用于保障事业发展、提供公共服务。

第十四条 各部门及其所属单位应当加强对本单位固定资产、在建工程、流动资产、无形资产等各类国有资产的管理，明确管理责任，规范使用流程，加强产权保护，推进相关资产安全有效使用。

第十五条 各部门及其所属单位应当明确资产使用人和管理人的岗位责任。

资产使用人、管理人应当履行岗位责任，按照规程合理使用、管理资产，充分发挥资产效能。资产需要维修、保养、调剂、更新、报废的，资产使用人、管理人应当及时提出。

资产使用人、管理人发生变化的，应当及时办理资产交接手续。

第十六条 各部门及其所属单位接受捐赠的资产，应当按照捐赠约定的用途使用。捐赠人意愿不明确或者没有约定用途的，应当统筹安排使用。

第十七条 事业单位利用国有资产对外投资应当有利于事业发展和实现国有资产保值增值，符合国家有关规定，经可行性研究和集体决策，按照规定权限和程序进行。

事业单位应当明确对外投资形成的股权及其相关权益管理责任，按照规定将对外投资形成的股权纳入经营性国有资产集中统一监管体系。

第十八条 县级以上人民政府及其有关部门应当建立健全国有资产共享共用机制，采取措施引导和鼓励国有资产共享共用，统筹规划有效推进国有资产共享共用工作。

各部门及其所属单位应当在确保安全使用的前提下，推进本单位大型设备等国有资产共享共用工作，可以对提供方给予合理补偿。

第十九条 各部门及其所属单位应当根据履行职

能、事业发展需要和资产使用状况，经集体决策和履行审批程序，依据处置事项批复等相关文件及时处置行政事业性国有资产。

第二十条 各部门及其所属单位应当将依法罚没的资产按照国家规定公开拍卖或者按照国家有关规定处理，所得款项全部上缴国库。

第二十一条 各部门及其所属单位应当对下列资产及时予以报废、报损：

（一）因技术原因确需淘汰或者无法维修、无维修价值的资产；

（二）涉及盘亏、坏账以及非正常损失的资产；

（三）已超过使用年限且无法满足现有工作需要的资产；

（四）因自然灾害等不可抗力造成毁损、灭失的资产。

第二十二条 各部门及其所属单位发生分立、合并、改制、撤销、隶属关系改变或者部分职能、业务调整等情形，应当根据国家有关规定办理相关国有资产划转、交接手续。

第二十三条 国家设立的研究开发机构、高等院校对其持有的科技成果的使用和处置，依照《中华人民共和国促进科技成果转化法》、《中华人民共和国专利法》和国家有关规定执行。

第三章　预 算 管 理

第二十四条　各部门及其所属单位购置、建设、租用资产应当提出资产配置需求，编制资产配置相关支出预算，并严格按照预算管理规定和财政部门批复的预算配置资产。

第二十五条　行政单位国有资产出租和处置等收入，应当按照政府非税收入和国库集中收缴制度的有关规定管理。

除国家另有规定外，事业单位国有资产的处置收入应当按照政府非税收入和国库集中收缴制度的有关规定管理。

事业单位国有资产使用形成的收入，由本级人民政府财政部门规定具体管理办法。

第二十六条　各部门及其所属单位应当及时收取各类资产收入，不得违反国家规定，多收、少收、不收、侵占、私分、截留、占用、挪用、隐匿、坐支。

第二十七条 各部门及其所属单位应当在决算中全面、真实、准确反映其国有资产收入、支出以及国有资产存量情况。

第二十八条 各部门及其所属单位应当按照国家规定建立国有资产绩效管理制度，建立健全绩效指标和标准，有序开展国有资产绩效管理工作。

第二十九条 县级以上人民政府投资建设公共基础设施，应当依法落实资金来源，加强预算约束，防范政府债务风险，并明确公共基础设施的管理维护责任单位。

第四章 基础管理

第三十条 各部门及其所属单位应当按照国家规定设置行政事业性国有资产台账，依照国家统一的会计制度进行会计核算，不得形成账外资产。

第三十一条 各部门及其所属单位采用建设方式配置资产的，应当在建设项目竣工验收合格后及时办理资产交付手续，并在规定期限内办理竣工财务决算，期限最长不得超过1年。

各部门及其所属单位对已交付但未办理竣工财务决算的建设项目，应当按照国家统一的会计制度确认资产价值。

第三十二条 各部门及其所属单位对无法进行会计确认入账的资产，可以根据需要组织专家参照资产评估方法进行估价，并作为反映资产状况的依据。

第三十三条 各部门及其所属单位应当明确资产的维护、保养、维修的岗位责任。因使用不当或者维护、保养、维修不及时造成资产损失的，应当依法承担责任。

第三十四条 各部门及其所属单位应当定期或者不定期对资产进行盘点、对账。出现资产盘盈盘亏的，应当按照财务、会计和资产管理制度有关规定处理，做到账实相符和账账相符。

第三十五条 各部门及其所属单位处置资产应当及时核销相关资产台账信息，同时进行会计处理。

第三十六条 除国家另有规定外，各部门及其所属单位将行政事业性国有资产进行转让、拍卖、置换、对外投资等，应当按照国家有关规定进行资产评估。

行政事业性国有资产以市场化方式出售、出租的，依照有关规定可以通过相应公共资源交易平台进行。

第三十七条 有下列情形之一的，各部门及其所属单位应当对行政事业性国有资产进行清查：

（一）根据本级政府部署要求；

（二）发生重大资产调拨、划转以及单位分立、合并、改制、撤销、隶属关系改变等情形；

（三）因自然灾害等不可抗力造成资产毁损、灭失；

（四）会计信息严重失真；

（五）国家统一的会计制度发生重大变更，涉及资产核算方法发生重要变化；

（六）其他应当进行资产清查的情形。

第三十八条 各部门及其所属单位资产清查结果和涉及资产核实的事项，应当按照国务院财政部门的规定履行审批程序。

第三十九条 各部门及其所属单位在资产清查中发现账实不符、账账不符的，应当查明原因予以说明，并随同清查结果一并履行审批程序。各部门及其所属单位应当根据审批结果及时调整资产台账信息，同时进行会计处理。

由于资产使用人、管理人的原因造成资产毁损、灭失的，应当依法追究相关责任。

第四十条 各部门及其所属单位对需要办理权属登记的资产应当依法及时办理。对有账簿记录但权证手续不全的行政事业性国有资产，可以向本级政府有关主管部门提出确认资产权属申请，及时办理权属登记。

第四十一条 各部门及其所属单位之间，各部门及其所属单位与其他单位和个人之间发生资产纠纷的，应当依照有关法律法规规定采取协商等方式处理。

第四十二条 国务院财政部门应当建立全国行政事业性国有资产管理信息系统，推行资产管理网上办理，实现信息共享。

第五章 资产报告

第四十三条 国家建立行政事业性国有资产管理情况报告制度。

国务院向全国人民代表大会常务委员会报告全国行政事业性国有资产管理情况。

县级以上地方人民政府按照规定向本级人民代表

大会常务委员会报告行政事业性国有资产管理情况。

第四十四条 行政事业性国有资产管理情况报告，主要包括资产负债总量，相关管理制度建立和实施，资产配置、使用、处置和效益，推进管理体制机制改革等情况。

行政事业性国有资产管理情况按照国家有关规定向社会公开。

第四十五条 各部门所属单位应当每年编制本单位行政事业性国有资产管理情况报告，逐级报送相关部门。

各部门应当汇总编制本部门行政事业性国有资产管理情况报告，报送本级政府财政部门。

第四十六条 县级以上地方人民政府财政部门应当每年汇总本级和下级行政事业性国有资产管理情况，报送本级政府和上一级政府财政部门。

第六章 监　　督

第四十七条 县级以上人民政府应当接受本级人民代表大会及其常务委员会对行政事业性国有资产管

理情况的监督，组织落实本级人民代表大会及其常务委员会审议提出的整改要求，并向本级人民代表大会及其常务委员会报告整改情况。

乡、民族乡、镇人民政府应当接受本级人民代表大会对行政事业性国有资产管理情况的监督。

第四十八条 县级以上人民政府对下级政府的行政事业性国有资产管理情况进行监督。下级政府应当组织落实上一级政府提出的监管要求，并向上一级政府报告落实情况。

第四十九条 县级以上人民政府财政部门应当对本级各部门及其所属单位行政事业性国有资产管理情况进行监督检查，依法向社会公开检查结果。

第五十条 县级以上人民政府审计部门依法对行政事业性国有资产管理情况进行审计监督。

第五十一条 各部门应当建立健全行政事业性国有资产监督管理制度，根据职责对本行业行政事业性国有资产管理依法进行监督。

各部门所属单位应当制定行政事业性国有资产内部控制制度，防控行政事业性国有资产管理风险。

第五十二条 公民、法人或者其他组织发现违反本条例的行为，有权向有关部门进行检举、控告。接受检举、控告的有关部门应当依法进行处理，并为检举人、控告人保密。

任何单位或者个人不得压制和打击报复检举人、控告人。

第七章 法律责任

第五十三条 各部门及其所属单位有下列行为之一的，责令改正，情节较重的，对负有直接责任的主管人员和其他直接责任人员依法给予处分：

（一）配置、使用、处置国有资产未按照规定经集体决策或者履行审批程序；

（二）超标准配置国有资产；

（三）未按照规定办理国有资产调剂、调拨、划转、交接等手续；

（四）未按照规定履行国有资产拍卖、报告、披露等程序；

（五）未按照规定期限办理建设项目竣工财务决算；

（六）未按照规定进行国有资产清查；

（七）未按照规定设置国有资产台账；

（八）未按照规定编制、报送国有资产管理情况报告。

第五十四条 各部门及其所属单位有下列行为之一的，责令改正，有违法所得的没收违法所得，情节较重的，对负有直接责任的主管人员和其他直接责任人员依法给予处分；构成犯罪的，依法追究刑事责任：

（一）非法占有、使用国有资产或者采用弄虚作假等方式低价处置国有资产；

（二）违反规定将国有资产用于对外投资或者设立营利性组织；

（三）未按照规定评估国有资产导致国家利益损失；

（四）其他违反本条例规定造成国有资产损失的行为。

第五十五条 各部门及其所属单位在国有资产管理工作中有违反预算管理规定行为的，依照《中华人民共和国预算法》及其实施条例、《财政违法行为处罚处分条例》等法律、行政法规追究责任。

第五十六条 各部门及其所属单位的工作人员在国有资产管理工作中滥用职权、玩忽职守、徇私舞弊或者有浪费国有资产等违法违规行为的，由有关部门依法给予处分；构成犯罪的，依法追究刑事责任。

第八章　附　　则

第五十七条　除国家另有规定外，社会组织直接支配的行政事业性国有资产管理，依照本条例执行。

第五十八条　货币形式的行政事业性国有资产管理，按照预算管理有关规定执行。

执行企业财务、会计制度的事业单位以及事业单位对外投资的全资企业或者控股企业的资产管理，不适用本条例。

第五十九条　公共基础设施、政府储备物资、国有文物文化等行政事业性国有资产管理的具体办法，由国务院财政部门会同有关部门制定。

第六十条　中国人民解放军、中国人民武装警察部队直接支配的行政事业性国有资产管理，依照中央军事委员会有关规定执行。

第六十一条　本条例自 2021 年 4 月 1 日起施行。

司法部　财政部负责人就《行政事业性国有资产管理条例》有关问题答记者问

2021 年 2 月 1 日，国务院总理李克强签署国务院令，公布《行政事业性国有资产管理条例》（以下简称《条例》），自 2021 年 4 月 1 日起施行。日前，司法部、财政部负责人就《条例》有关问题回答了记者提问。

问：制定《条例》的背景和总体思路是什么？出台《条例》有什么重要意义？

答：行政事业性国有资产是国有资产的重要组成部分，是党和国家事业发展的物质基础和重要保障。党中央、国务院高度重视国有资产立法工作。习近平总书记、李克强总理多次作出重要指示批示，对加强行政事业性国有资产管理与监督提出明确要求。党的十九大报告重要改革举措任务分工要求制定行政事业性国有资产管理法律法规。为贯彻落实党中央、国务院决策部署，根据全国人大常委会关于加强国有资产管理情况监督的决定，制定《条例》。制定《条例》的总体思路：一是贯彻落实党中央、国务院决策部署，加强行政事业性国有资产管理和监督，明确管理职责，推进国有资产管理公开透明、规范有效。二是以改革为引领、以创新为支撑，构建符合“放管服”改革要求的行政事业性国有资产管理制度，建立信息管理系统、资产共享共用机制。三是体现改革成果，将实践中成熟的行政事业性国有资产管理制度确立下来，提高国有资产利用效率，促进国有资产保值增值。

《条例》是我国行政事业性国有资产管理的第一部行政法规，将保障行政单位履行职能和事业单位提供基本公共服务的行政事业性国有资产纳入法治轨道，加强管理和监督，促进国有资产管理的法治化、规范化、科学化，对于构建安全规范、节约高效、公开透明、权责一致的国有资产管理机制，提高国有资产治理水平和治理能力，必将起到积极作用。

问：《条例》如何界定行政事业性国有资产的范围？

答：《条例》规定，行政事业性国有资产是指行政单位、事业单位通过一定方式取得或者形成的资产，包括：使用财政资金形成的资产，接受调拨或者划转、置换形成的资产，接受捐赠并确认为国有的资产，以及其他国有资产。同时，《条例》还明确，除国家另有规定外，社会组织直接支配的行政事业性国有资产管理，依照本条例执行；货币形式的行政事业性国有资产管理，按照预算管理有关规定执行；执行企业财务、会计制度的事业单位以及事业单位对外投资的全资企业或者控股企业的资产管理，不适用本条例。中国人民解放军、中国人民武装警察部队直接支配的行政事业性国有资产管理，依照中央军事委员会有关规定执行。

问：《条例》在管理体制和部门职责方面作了哪些规定？

答：关于管理体制，《条例》明确行政事业性国有资产属于国家所有，实行政府分级监管、各部门及其所属单位直接支配的管理体制。《条例》规定各级人民政府应当建立健全行政事业性国有资产管理机制，加强对本级行政事业性国有资产的管理，审查、批准重大行政事业性国有资产管理事项。关于部门职责，《条例》规定国务院财政部门负责制定行政事业单位国有资产管理规章制度并负责组织实施和监督检查，牵头编制行政事业性国有资产管理情况报告；国务院机关事务管理部门和有关机关事务管理部门会同有关部门依法依规履行相关中央行政事业单位国有资产管理职责，制定中央行政事业单位国有资产管理具体制度和办法并组织实施，接受国务院财政部门的指导和监督检查；相关部门根据职责规定，按照集中统一、分类分级原则，加强中央行政事业单位国有资产管理，优化管理手段，提高管理效率。

问：《条例》如何贯彻落实政府“过紧日子”要求？

答：为确保政府“过紧日子”、老百姓“过好日子”，《条例》规定了以下具体措施：一是明确行政单位国有资产应当用于本单位履行职能的需要，事业单位国有资产应当用于保障事业发展、提供公共服务。二是要求行政事业单位应当结合资产存量、资产配置标准、绩效目标、财政承受能力配置资产。超标准配置国有资产的，责令改正，情节较重的，对负有直接责任的主管人员和其他直接责任人员依法给予处分。三是明确调剂作为优先配置方式，规定行政事业单位应当优先通过调剂方式配置资产，不能调剂的，可以采用购置、建设、租用等方式。四是规范资产使用管理，要求行政事业单位明确资产使用人和管理人岗位责任，合理使用、管理资产，充分发挥资产效能。五是鼓励共享共用，规定县级以上人民政府及其有关部门应当建立健全国有资产共享共用机制，并鼓励行政事业单位在确保安全使用的前提下，推进本单位大型设备等国有资产共享共用工作。

问：行政事业性国有资产的使用、运行、维护、处置等与预算管理密切相关，《条例》在资产的预算管理方面作了哪些规定？

答：资产管理与预算管理相结合是行政事业性国有资产管理的重要原则。按照预算法及其实施条例有关规定，《条例》专设一章对资产的预算管理作了规定：一是关于预算编制与执行，《条例》规定行政事业单位购置、建设、租用资产应当提出资产配置需求，编制资产配置相关支出预算，并严格按照预算管理规定和财政部门批复的预算配置资产。二是关于收入管理，《条例》对行政单位和事业单位分别作了规定。行政单位国有资产出租和处置等收入，应当按照政府非税收入和国库集中收缴制度的有关规定管理。事业单位国有资产的处置收入，除国家另有规定外，应当按照政府非税收入和国库集中收缴制度的有关规定管理；事业单位国有资产使用形成的收入，由本级人民政府财政部门规定具体管理办法。行政事业单位应当及时收取各类资产收入，不得违反国家规定多收、少收、不收、侵占、私分、截留、占用、挪用、隐匿、坐支。三是关于决算管理，《条例》规定行政事业单位应当在决算中全面、真实、准确反映其国有资产收入、支出以及国有资产存量情况。四是关于绩效管理，《条例》规定行政事业单位应当按照国家规定建立国有资产绩效管理制度，建立健全绩效指标和标准，有序开展国有资产绩效管理工作。此外，《条例》还规定，县级以上人民政府投资建设公共基础设施应当依法落实资金来源，加强预算约束，防范政府债务风险。

问：《条例》在行政事业性国有资产基础管理方面作了哪些规定？

答： 为切实保障行政事业性国有资产安全完整、提高资产效能，《条例》专设“基础管理”一章，对资产台账、会计核算、资产盘点、资产评估、资产清查、权属登记、资产纠纷处理和信息化等作了规定。一是行政事业单位应当按照国家规定设置行政事业性国有资产台账，依照国家统一的会计制度进行会计核算，不得形成账外资产。二是行政事业单位应当定期或者不定期对资产进行盘点、对账，出现资产盘盈盘亏的，应当按照财务、会计和资产管理制度有关规定处理，做到账实相符和账账相符。三是行政事业单位将国有资产进行转让、拍卖、置换、对外投资等，应当按照国家有关规定进行资产评估；以市场化方式出售、出租的，依照有关规定可以通过相应公共资源交易平台进行。四是行政事业单位有下列情形之一的应当进行国有资产清查：根据本级政府部署要求，发生重大资产调拨、划转以及单位分立、合并、改制、撤销、隶属关系改变，因自然灾害等不可抗力造成资产毁损、灭失，会计信息严重失真，国家统一的会计制度涉及资产核算方法发生重要变化等。行政事业单位在资产清查中发现账实不符、账账不符的，应当查明原因予以说明，并随同清查结果一并履行审批程序。由于资产使用人、管理人的原因造成资产毁损、灭失的，应当依法追究相关责任。五是对需要办理权属登记的资产应当依法及时办理。六是发生资产纠纷的，应当依照有关法律法规规定采取协商等方式处理。七是国务院财政部门应当建立全国行政事业性国有资产管理信息系统，推行资产管理网上办理，实现信息共享。

问：党中央对新时代我国科技成果转化工作提出了新要求，《条例》对科技成果转化资产管理作了哪些规定？

答：习近平总书记强调，要打好关键核心技术攻坚战，加速科技成果向现实生产力转化。李克强总理指出，要加速科技成果转化，不断催生更多新产业新业态，增强经济发展新的支撑力和新动能。党的十九届五中全会提出，坚持创新在我国现代化建设全局中的核心地位。为贯彻落实党中央、国务院决策部署，促进行政事业性国有资产管理更好地服务于科技成果转化，提升科研单位和科研人员转化科技成果的积极性，《条例》与促进科技成果转化法、专利法等法律法规作了衔接规定，明确国家设立的研究开发机构、高等院校对其持有的科技成果的使用和处置，依照促进科技成果转化法、专利法和国家有关规定执行。

问：《条例》在贯彻落实国有资产报告制度方面作了哪些规定？

答：2017年中共中央印发《关于建立国务院向全

国人大常委会报告国有资产管理情况制度的意见》。为贯彻落实党中央关于国有资产报告制度的要求，《条例》作了以下规定：一是明确国务院向全国人大常委会报告全国行政事业性国有资产管理情况，县级以上地方人民政府按照规定向本级人大常委会报告行政事业性国有资产管理情况。二是细化资产管理情况报告的内容，主要包括资产负债总量，相关管理制度建立和实施，资产配置、使用、处置和效益，推进管理体制机制改革等情况，并按照国家有关规定向社会公开管理情况。三是完善报告程序。各部门所属单位应当每年编制本单位行政事业性国有资产管理情况报告，逐级报送相关部门；各部门汇总编制后报送本级政府财政部门。县级以上地方人民政府财政部门应当每年汇总本级和下级行政事业性国有资产管理情况，报送本级政府和上一级政府财政部门。

问：《条例》对行政事业性国有资产监督作了哪些规定？

答：关于行政事业性国有资产监督，《条例》作了以下规定：一是接受人大监督。县级以上人民政府应当接受本级人民代表大会及其常务委员会对行政事业性国有资产管理情况的监督，组织落实整改要求，并报告整改情况。二是明确政府层级监督。县级以上人民政府对下级政府的行政事业性国有资产管理情况进行监督，下级政府应当组织落实上一级政府的监管要求，并报告落实情况。三是强化财政监督。县级以上人民政府财政部门对本级各部门及其所属单位行政事业性国有资产管理情况进行监督检查，依法向社会公开检查结果。四是落实审计监督。县级以上人民政府审计部门依法对行政事业性国有资产管理情况进行审计监督。五是完善行业监督。各部门应当建立健全行政事业性国有资产监督管理制度，根据职责对本行业行政事业性国有资产管理依法进行监督。此外，《条例》还推进社会监督，规定公民、法人或者其他组织发现违反本条例的行为，有权向有关部门进行检举、控告；接受检举、控告的有关部门应当依法进行处理，并为检举人、控告人保密。

问：有关部门将采取哪些措施确保《条例》贯彻实施？

答：一是做好《条例》的宣传讲解培训。各级行政事业单位要积极做好相关培训工作，并组织资产管理人员进行专门培训。同时加大宣传力度，正确引导舆论，对公众关心的问题及时解释疑惑。二是着力抓好《条例》实施。各级行政事业单位要严格执行《条例》，及时研究出台相关制度办法，确保《条例》各项规定落到实处。三是根据实际梳理清理相关规章制度，按照“谁制定、谁清理”原则，各级行政事业单位要确保规章制度依法合规。